# Inhalt

## Kombinierter Verkehr - die Zukunft des Gütertransports?

Kernthesen

Beitrag

Fallbeispiele

Weiterführende Literatur

Impressum

# Kombinierter Verkehr - die Zukunft des Gütertransports?

I.Zeilhofer-Ficker

## Kernthesen

- Bis zum Jahr 2020 müssen wir laut Prognosen mit nahezu einer Verdoppelung des Straßengüterverkehrs rechnen.
- Durch die Osterweiterung der EU wird es zu zusätzlichem LKW-Fahrten auf den deutschen Autobahnen und Fernstraßen - auch im Transitverkehr - kommen.
- Der kombinierte Verkehr Straße/Schiene oder Straße/Schiff oder auch trimodale Lösungen Straße/Schiene/Schiff könnten einen Teil des zusätzlichen Transportaufkommens bewältigen.

- Neben zusätzlicher Infrastruktur sind innovative Transportlösungen notwendig, die qualitativ hochwertige und schnelle nationale und internationale Transporte ermöglichen.
- Die politische Unterstützung ist gegeben, weitere Aktionen der Wirtschaftspartner sind notwendig.

# Beitrag

## Steigender Güterverkehr = steigende Probleme

3,57 Milliarden Tonnen an Gütern wurden im Jahr 2002 in Deutschland transportiert - dreiviertel davon auf der Straße. Alle Prognosen gehen davon aus, dass sich das Transportaufkommen mit der anstehenden Osterweiterung der Europäischen Union wesentlich vergrößern dürfte. Bis 2010 erwartet man ein Ansteigen des Straßengüterverkehrs um 50 Prozent, bis 2020 sogar um 94 Prozent. Bedingt durch die zentrale Lage in Europa werden sich neben dem Gütertransport von und nach Deutschland auch die Transitfahrten durch die BRD erhöhen, sodass mit noch häufigeren Staus und Behinderungen auf den bundesdeutschen Autobahnen und Fernstraßen gerechnet werden muss. (1), (www.destatis.de)

Nur um die 5 Prozent des Güterverkehrs wurde im Jahr 2000 im kombinierten Verkehr abgewickelt, das heißt in der Kombination von verschiedenen Verkehrsträgern wie beispielsweise Schiene/Straße oder Schiff/Straße. Der Anteil von Transporten im kombinierten Verkehr hat zwar in den vergangenen Jahren stark zugenommen, trotzdem sehen die Experten weiter enorme Wachstumschancen nicht nur im Nord-Süd sondern auch im West-Ost-Verkehr. (2)

Die Politik ist sehr an der Verlagerung von Transportleistungen auf die Schiene oder das Wasser interessiert und fördert die Schaffung von notwendiger Infrastruktur für alternative Verkehrträger mit hohen Zuschüssen. Die geplante LKW-Maut sollte weitere Anreize zur Verlagerung von Transporten auf die Schiene oder das Schiff schaffen. Das Toll-Collect-Debakel verhinderte aber einen fristgemäßen Start der streckenbezogenen Maut in 2003, sodass nun weiter per Autobahn-Vignette eine generelle Autobahnnutzungsgebühr erhoben wird.

Doch nur eine streckenabhängige Maut lässt den direkten Vergleich der Kosten für Straße mit Schiene oder Schiff zu und könnte so zu mehr Langstrecken-Transporten im Kombiverkehr führen. Auf diesen Anreiz muss der kombinierte Verkehr bis auf weiteres verzichten.

## Kombinierter Verkehr die Lösung?

Führende Anbieter von Kombiverkehrslösungen melden trotzdem eine steigende Nachfrage und prognostizieren Wachstumsraten in zweistelliger Höhe für die kommenden Jahre. An der Kapazitätsgrenze ist man noch lange nicht angekommen und an den nötigen Umschlagsanlagen und Güterverkehrszentren wird kräftig gebaut. (2), (www.bmvbw.de)

Als Vorbild könnte die Schweiz dienen, wo im vergangenen Jahr bereits mehr Güter im kombinierten Verkehr als über die Straße transportiert wurden. Möglich gemacht wurde das einerseits durch die Schaffung der notwendigen politischen Rahmenbedingungen, andererseits durch vielfältige Anstrengungen der Anbieter, die in den vergangenen Jahren zahlreiche interessante Produkte für den kombinierten Verkehr geschaffen und in Betrieb genommen haben. (3), (4)

Ein gewinnbringender kombinierter Verkehr setzt voraus, dass Streckenführungen angeboten werden, für die genügend Nachfrage besteht und für die Transportvolumina gebündelt werden können. Das klassische Kombiangebot ist die Anlieferung der einzelnen Ladungen per LKW zu einem Güterverkehrzentrum, der Transport auf der lange Strecke per Bahn oder Schiff und der Weitertransport zum Zielort wieder per LKW.

Häufig ist der Zielort ein Hafen von dem aus die Güter per Seeschiff nach Übersee befördert werden. Gerade die Seehäfen bieten sich deshalb als Standorte für intermodale Güterverkehrszentren an, in denen oft die direkte Verladung von der Schiene auf das Seeschiff möglich ist.

Leider ist der Informationsstand von vielen kleinen und mittleren Speditionen in Bezug auf die Möglichkeiten des kombinierten Verkehrs noch sehr gering. Den Kombiverkehrsanbietern käme hier die Aufgabe zu, gerade diesen potenziellen Kunden mehr Information und Angebote zukommen zu lassen.

## Politische Anstrengungen pro Kombiverkehr

Ein deutliches Zeichen pro kombinierter Verkehr

kommt von den EU-Behörden. Bei der langfristigen Planung vorrangiger Verkehrsprojekte wurde der Schwerpunkt auf den Schienenverkehr gesetzt. Den Autobahnen vergleichbare Schienennetze - die Transeuropäische Netze (TEN) - sind geplant. Diverse nationale Förderprogramme zum Beispiel in Frankreich und Italien pro Kombiverkehr wurden von Brüssel abgesegnet und für gut befunden. (5)

Ein wichtiger Schritt ist auch die Fortführung des Liberalisierungsprozesses des Schienenverkehrs, also der leichtere Netzzugang für neue Eisenbahnen, aber auch die problemlose Überwachung und Steuerung von Transporten auf ausländischen Schienennetzen. (5)

Des weiteren muss der Grenzübertritt von Gütern auf dem Schienenweg endlich genauso reibungslos und barrierefrei erfolgen, wie das auf der Straße schon seit längerer Zeit der Fall ist. Nur verlässliche Transitzeiten auch im internationalen Verkehr werden für mehr Nachfrage nach Kombilösungen sorgen. (8)

Die europäische Initiative für eine Richtlinie über intermodale Ladeeinheiten soll vor allem der Kombination verschiedener Transportarten dienen. Der EU-Vorschlag zielt auf einen Container ab, der sowohl auf LKW und Bahn problemlos transportiert werden kann, aber ebenso auf Fluss- und Seeschiffen zum Einsatz kommt. Unbedingte Voraussetzung ist ein (LKW-)konkurrenzfähiges Raumangebot bei problemloser Stapelbarkeit. Außerdem soll mit dieser Richtlinie ein befriedigendes Instandhaltungsniveau der in Europa genutzten Behälter sicher gestellt werden. (6), (7)

Unter dem Stichwort "Freight Integrator" hat die europäische Kommission ein Arbeitsprogramm gestartet, das sich der Aus- und Weiterbildung von Spediteuren widmen soll. Vor allem kleinere und mittlere Speditionsunternehmen machen deshalb kaum vom Angebot des kombinierten Verkehrs Gebrauch, weil sie schlicht und ergreifend nicht wissen, wie er funktioniert und welche Angebote auf dem Markt sind. (1)

## Aktionen der Wirtschaft

Die beginnende Liberalisierung des Schienenverkehrs hat nicht nur zu positiven Ergebnissen geführt. Die internationale Zusammenarbeit der diversen Bahngesellschaften ist erst einmal schlechter geworden, wird doch der Geschäftspartner in erster Linie nun als Konkurrent statt als Partner misstrauisch beäugt. Doch langsam setzt sich die

Erkenntnis durch, dass nur Kooperationen zu einem kostendeckendem Betrieb des Schienengüterverkehrs führen können. Nur wenn durch Zusammenarbeit gemeinsame Angebote geschaffen werden, Aufkommen und Verkehre gebündelt und Strecken, Lokomotiven und Anlagen möglichst intensiv genutzt werden, lassen sich die Kosten senken und die Qualität verbessern.

Ein Schritt in diese Richtung ist das Projekt Cesar, ein Informations-System, das mit Unterstützung der EU und der Vereinigung der europäischen Kombiverkehrsoperateure (UIRR) geschaffen wurde. Auf dieser Plattform werden nicht nur Fahrpläne der beteiligten Operateure einheitlich dargestellt, sondern es sind auch ständig aktualisierte Informationen über den Ladungsstatus sowie über eventuelle Unregelmäßigkeiten und Verzögerungen abrufbar. Genutzt wird das System erst von der schweizerischen Hupac, der deutschen Kombiverkehr und der italienischen Cermat. Man hofft aber bald auf den Anschluss weiterer Operateure, sodass eine wirklich europäische Plattform entstehen kann. (9)

Des weiteren laufen viele Einzelaktionen verschiedener Akteure ab, die zu Verbesserungen sowohl auf der Kosten- als auch auf der Angebotsseite führen werden. Kooperationen von verschiedenen Terminals zur besseren Vernetzung von Wassertransporten mit der Schiene gehören ebenso dazu, wie die Reorganisation der Transport- und Logistikaktivitäten der Deutschen Bahn AG unter dem Dach von Stinnes. Trimodale Terminals sind entstanden, die bei Kapazitätsproblemen der Schifffahrt durch beispielsweise Hoch- oder Niedrigwasser für die Alternativverladung auf die Schiene oder Straße sorgen. Elektronische Lagerverwaltungssysteme werden implementiert, neue Terminals gebaut, Strecken werden saniert oder hergestellt, neue Loks angeschafft und Fahrpläne angepasst. (10), (11), (12), (13)

Viele dieser Aktionen führen erst einmal zu einer Verschlechterung des Services, da Bautätigkeiten den laufenden Verkehr behindern und "Kinderkrankheiten" ausgemerzt werden müssen. Vor allem in der zweiten Jahreshälfte 2003 summierten sich die Beschwerden über die schlechte Qualität und einige Spediteure verlagerten ihre Transporte zurück auf die Straße. Ein konsequentes Qualitätsmonitoring und sofortige Aktionen bei Problemen sollten helfen, die Auswirkungen dieser Schwierigkeiten künftig auf ein Minimum zu beschränken. (14)

# Fallbeispiele

## Geschäftszahlen

Stinnes Intermodal, beim Stinnes-Konzern für den Kombiverkehr zuständig, hat in 2003 mehr als 36 Millionen Tonnen an Gütern transportiert. Der Transport von 3 Millionen Ladeeinheiten - 5 Prozent mehr als im Vorjahr - entlastete die bundesdeutschen Fernverkehrsstraßen um 4,2 Millionen LKW-Fahrten. (18)

Auch die Kombiverkehr KG meldet starke Zuwächse im internationalen Verkehr. Mit 533 500 Sendungen wurden rund 8 Prozent mehr unbegleitete Transporte als im Vorjahr durchgeführt, der begleitete Verkehr ("Rollende Landstraße") konnte einen Zuwachs um 2,3 Prozent verzeichnen. (19)

Die schweizerische Hupac Gruppe meldet mit 398 000 LKW-Sendungen einen Zuwachs um 11 Prozent im Bereich kombinierter Verkehr. Dabei wurden im Deutschland-Verkehr die Verbindungen Ludwigshafen - Brescia, Ludwigshafen-Leipzig/Buna/Schwarzheide und Rotterdam - Worms - Italien neu aufgenommen. (4)

# Terminals und Streckenverbindungen

Einen wesentlichen Zeitvorteil gegenüber den bestehenden Schiffsverbindungen soll die neu geschaffene Landverbindung zwischen Rotterdam und Rostock über Duisburg bringen. Den Transport von Rotterdam nach Duisburg übernehmen Binnenschiffe oder Züge der Railon-Tochter Conliner. Von Duisburg nach Rostock verkehrt drei Mal pro Woche ein Shuttle-Zug von Kombiverkehr. Damit kann eine Transitzeit von vier Tagen von Rotterdam nach Helsinki erreicht werden. (21)

Seit November bietet Rhenania einen werktäglichen Güterzug von Worms nach Rotterdam. Unterstützt wird der Güterumschlag in Worms durch das neue trimodale Umschlagsterminal. (20)

Eine Spitzenposition unter den deutschen Binnenterminals nimmt der Güterbahnhof Köln Eifeltor ein. Pro Tag wird dort so viel Fracht umgeschlagen, wie 750 LKWs transportieren könnten. Fast ein Dutzend Güterzüge rollen von dort täglich nach Italien, die Schweiz und Spanien. Ein elektronisches Lagerplatzverwaltungssystem soll künftig für mehr Transparenz sorgen. (13)

Unter dem Dach von Neuss Trimodal GmbH werden künftig das Kombiterminal Neuss-Hessentor und das wasserseitige Containerterminal von Rhenania kooperieren. Neben operativen Synergien erwartet man sich von der Kooperation bessere Durchlaufzeiten und ein attraktiveres Angebot für den Kombiverkehr. (10)

In 2003 ist in Travemünde das neue Kombi-Terminal Baltic Rail Gate entstanden. Bis zu 140 000 Ladeeinheiten können pro Jahr umgeschlagen werden und das neue vernetzte Datenverarbeitungssystem sorgt für einen reibungslosen, schnellen Umschlag von Schiene oder Straße auf das gebuchte Schiff. (22)

Auch Nürnberg wird ab 2004 mit einem neuen trimodalen Terminal für den Kombiverkehr aufwarten können. Das Güterverkehrszentrum am Nürnberger Hafen schlägt schon jetzt pro Jahr 9 Millionen Tonnen an Gütern um. (16)

Die Binnenschifffahrt hat sich als wichtiger Transportpartner in Europa etabliert. Mehr als 1,4 Millionen TEU (20-Fuss-Container) werden pro Jahr allein zwischen den Benelux-Seehäfen und dem Rheingebiet befördert. Alle existierenden Rheinterminals wurden mittlerweile trimodal ausgebaut und Zubringer-Shuttlezüge von und nach Bayern und Baden-Württemberg sorgen für die schnellstmögliche Verbringung der Güter nach Rotterdam oder Antwerpen. (12)

## Innovative Ladekonzepte

Horizontalumschlaggeräte könnten in vielen Fällen eine interessante Alternative zum üblichen Kranumschlag darstellen. Das europäische Projekt "InHoTra" stellte kürzlich drei neue Umschlaggeräte vor, die alle eine horizontale Be- und Entladung ermöglichen und deshalb vor allem für kleinere Terminals interessant sein könnten. Das Gerät von Korax/Bosch-Rexroth erlaubt außerdem den selektiven Zugriff auf einzelne Ladeeinheiten. (17)

## Weiterführende Literatur

(1) Dahm, Christian, Freight Integrator als Jongleur des Verkehrs, DVZ, Nr. 336, 13.11.2003
aus LOGISTIK HEUTE, Heft 12/2003, S. 66-67

(2) Drohende Maut lässt Kombiverkehr zweistellig zunehmen, DVZ, Nr. 132, 04.11.2003
aus LOGISTIK HEUTE, Heft 12/2003, S. 66-67

(3) Bahnmüller, Kurt, Die Schiene bewegt sich, HandelsZeitung, 04.02.2004

aus LOGISTIK HEUTE, Heft 12/2003, S. 66-67

(4) Klotz, Heinrich, Unbegleitete Verkehre sichern Hupac das Wachstum, DVZ, Nr. 007, 20.01.2004
aus LOGISTIK HEUTE, Heft 12/2003, S. 66-67

(5) O. V., Der Kombinierte Verkehr hofft auf ein Ende der Stagnation, DVZ, Nr. 001, 06.01.2004
aus LOGISTIK HEUTE, Heft 12/2003, S. 66-67

(6) O. V., Das Mass aller Dinge, DVZ, Nr. 346, 06.12.2003
aus LOGISTIK HEUTE, Heft 12/2003, S. 66-67

(7) Tostmann, Stefan, Nicht die Größe entscheidet, DVZ, Nr. 336, 13.11.2003
aus LOGISTIK HEUTE, Heft 12/2003, S. 66-67

(8) O. V., DB auf Netz reduzieren, DVZ, Nr. 014, 05.02.2004
aus LOGISTIK HEUTE, Heft 12/2003, S. 66-67

(9) Bahnmüller, Kurt, "Cesar" schafft Durchbruch, HandelsZeitung, 12.11.2003
aus LOGISTIK HEUTE, Heft 12/2003, S. 66-67

(10) O. V., Zwei Neusser Terminals machen gemeinsame Sache, DVZ, Nr. 147, 09.12.2003
aus LOGISTIK HEUTE, Heft 12/2003, S. 66-67

(11) Der Markt verlangt zunehmend ganze Logistikpakete
aus Ernährungsdienst 97 vom 17.12.2003 Seite 003

(12) Dr. Schumacher, Wilfried, Nasse Konzepte brauchen die Schiene, DVZ, Nr. 336, 13.11.2003
aus Ernährungsdienst 97 vom 17.12.2003 Seite 003

(13) Schüren, Jörg, Vom Eifeltor aus rollt das Bier an die Adria, Bonner General-Anzeiger, 07.02.2004, S. 31
aus Ern&auml;hrungsdienst 97 vom 17.12.2003 Seite 003

(14) O. V., Wegen verspäteter Zustellzeiten, DVZ, Nr. 143, 29.11.2003
aus Ern&auml;hrungsdienst 97 vom 17.12.2003 Seite 003

(15) In Mainz am Zug – die neuen Logistiker der Bahn DB Cargo heißt inzwischen Railion und will als Teil des Stinnes-Konzerns im europäischen Güterverkehr eine Spitzenposition einnehmen
aus Frankfurter Rundschau v. 30.12.2003, S.13, Ausgabe: S Stadt

(16) Bottler, Stefan, Oberfranken erwartet aus dem Osten vor allem Gutes, DVZ, Nr. 153, 23.12.2003
aus Frankfurter Rundschau v. 30.12.2003, S.13, Ausgabe: S Stadt

(17) O. V., Marktnische für den Horizontalumschlag, DVZ, Nr. 144, 02.12.2003
aus Frankfurter Rundschau v. 30.12.2003, S.13, Ausgabe: S Stadt

(18) O. V., Kombinierter Verkehr macht Stinnes

Freude, DVZ, Nr. 11, 29.01.2004
aus Frankfurter Rundschau v. 30.12.2003, S.13, Ausgabe: S Stadt

(19) O. V., Kombiverkehr wächst kontrolliert, DVZ, Nr. 009, 24.01.2004
aus Frankfurter Rundschau v. 30.12.2003, S.13, Ausgabe: S Stadt

(20) Mehr Waren auf Schiene Rhenania geht neue Wege: Täglicher Güterzug nach Rotterdam
aus Wormser Zeitung vom 25.11.2003

(21) O. V., Die Landbrücke zwischen Rotterdam und Rostock steht, DVZ, Nr. 136, 13.11.2003
aus Wormser Zeitung vom 25.11.2003

(22) Klotz, Heinrich, Ohne Terminal ist alles nichts, DVZ, Nr. 343, 29.11.2003
aus Wormser Zeitung vom 25.11.2003

# Impressum

## Kombinierter Verkehr - die Zukunft des Gütertransports?

**Bibliografische Information der deutschen Nationalbibliothek**

Die Deutsche Nationalbibliothek verzeichnet diese Publikation in der deutschen Nationalbibliografie; detaillierte bibliografische Daten sind im Internet über http://dnb.d-nb.de abrufbar.

ISBN: 978-3-7379-1032-3

© 2015 GBI-Genios Deutsche Wirtschaftsdatenbank GmbH, Freischützstraße 96, 81927 München, www.genios.de

Alle Rechte vorbehalten. Dieses Werk ist einschließlich aller seiner Teile – z.B. Texte, Tabellen und Grafiken - urheberrechtlich geschützt. Jede Verwertung außerhalb der Grenzen des Urheberrechtsgesetzes bedarf der vorherigen Zustimmung des Verlags. Dies gilt insbesondere auch für auszugsweise Nachdrucke, fotomechanische Vervielfältigungen (Fotokopie/Mikroskopie), Übersetzungen, Auswertungen durch Datenbanken oder ähnliche Einrichtungen und die Einspeicherung und Verarbeitung in elektronischen Systemen.